まきもの いろいろ
風工房
文化出版局

CONTENTS

[長方形]

A
ドット模様のマフラー
P.5 | P.45

B
レース模様の
大判ストール
P.6 | P.46

C
ダイヤ模様のストール
P.8 | P.48

D
フューシャパープルの
カシミヤストール
P.9 | P.47

E
ミントグリーンの
レーシーストール
P.10 | P.50

F
交差模様のルアナ
P.12 | P.53

G
引上げ模様のマフラー
P.14 | P.52

H
斜め模様のストール
P.16 | P.56

I
イギリスゴム編みの
スヌード
P.17 | P.57

[正方形]

J
ダイヤの
レース模様のショール
P.18 | P.58

K
シェットランドレースの
ショール
P.20 | P.62

L
グラデーションの
レースのショール
P.22 | P.66

[三角形]

M
ストライプ模様の
三角ショール
P.24 | P.59

N・O
変形三角の2つの
ショール
P.26 | P.70

P
3種類のレース模様の
ショール
P.28 | P.72

[半円]

Q
半円形の
レーシーショール
P.30 | P.76

R
引返し編みのショール
P.32 | P.80

S・T
リーフ模様のショール
P.34 | P.83

[扇形]

U
アイコード使いの
ショール
P.36 | P.86

V
スカラップ模様の
ショール
P.38 | P.88

W
ダイヤの交差模様の
ケープ
P.39 | P.90

編み方
P.40

基礎テクニック
P.92

まきものは秋冬のファッションアイテムに欠かせないもので
す。肌寒い時には肩や首回りをカバーし、暖房がきいている
場所ではすぐにはずすことができる、便利な防寒アイテムで
あり、コーディネートのアクセントになるおしゃれアイテムで
もあります。編み物ファンにとっては、出来上りサイズをそん
なに気にしなくても編むことを楽しめるのがうれしいところ。
最近ではショールニッターと呼ばれる、ショールだけをひたす
ら編む人もいるほど、人気が高まってきています。この本では、
まっすぐに編む長方形のほか、伝統的なシェットランドレース
の編み方の正方形や、左右の増減目で大きさも自由に変えられ
る変形三角形、引返し編みを使った半円形や扇形などバリエー
ションも豊富に、編むのも身につけるのも楽しいものをデザイ
ンしました。素材にもこだわって、軽くて肌触りのよいカシミ
ヤ、キッドモヘア、アルパカを中心に、模様がきれいに出る
ようにストレート糸を使っています。皆さんが楽しく編んで、
身につけていただけたらとてもうれしいです。

風工房

A
ドット模様のマフラー

カシミヤならではの、きれいな赤のマフラーは2目のアイレットのドット柄にしました。少し長めなので、ゆったりと首に巻いたり、結んだり、巻き方をいろいろ楽しめます。

［糸］　　リッチモア カシミヤ
［編み方］　45ページ

［長方形］

B
レース模様の大判ストール

シルクとキッドモヘアの混紡糸はうっとりする肌触り。シックな黒を使ってリーフ柄を全面に配した大判サイズのストールにデザインしました。小さな模様の繰返しなので、長さの調整も簡単です。

［糸］　　ハマナカ シルクモヘアパルフェ
［編み方］　46ページ

C ダイヤ模様のストール

リリヤーン状のアルパカの糸は驚きの軽さです。大きなダイヤのフレームの中に生命の木のレース模様。大きな模様を生かしてコート代りにもなる大判ストールにしました。

[糸] リッチモア アルパカレジェーロ
[編み方] 48ページ

D
フューシャパープルの カシミヤストール

きれいなフューシャパープルのカシミヤで、縦に流れるような模様に。シェットランドレースのショールの縁によく使われる模様は、見た目より簡単で華やかです。

［糸］　　リッチモア カシミヤ
［編み方］　47ページ

［長方形］

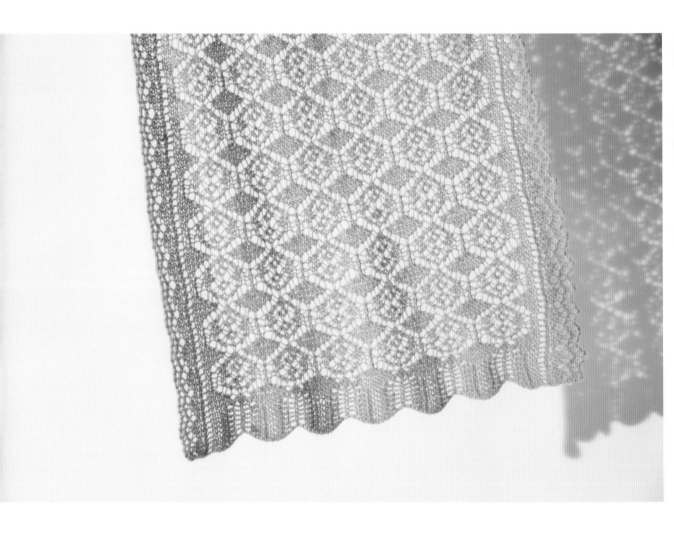

E
ミントグリーンの
レーシーストール

シェットランドレースの蜘蛛の糸ほど細くないですが、中細を使って繊細なレース模様にした大判ストールです。エジングも一体に編んでいるので、丈の調整は一模様単位で。

[糸]　　ハマナカ 純毛中細
[編み方]　50ページ

［長方形］

F
交差模様のルアナ

リリヤーン状のアルパカの糸は、ドレープ性を生かしてルアナに。ポンチョのように身体を包んだり、肩にかけたり、着こなしが楽しめます。

[糸] ハマナカ ソノモノアルパカリリー
[編み方] 53ページ

[長方形] 13

G
引上げ模様のマフラー

マスタードイエローとグレーを使った引上げ模様のマフラーです。各段で編むのは1色ずつなので初心者でも簡単に配色を楽しめます。ポコポコした表情がかわいいお気に入りの模様の一つです。

［糸］　リッチモア パーセント
［編み方］ 52ページ

［長方形］ 15

H
斜め模様のストール

生まれたてのヤギの毛を使用した最高級モヘアを2色ずつ組合せを変えて引きそろえ、ふわっと編んだ大判ストールです。2目一度とかけ目を繰り返すと、自然と編み地が斜めになります。

[糸] 　リッチモア エクセレントモヘア
　　　〈カウント10〉
[編み方] 56ページ

イギリスゴム編みのスヌード

アルパカの糸を使って2色で編むイギリスゴム編みのスヌードを作りました。グレーとオフホワイト、どちらを表にして巻くかで、色の印象が変わります。

[糸] リッチモア アルパカレジェーロ
[編み方] 57ページ

J
ダイヤのレース模様の
ショール

羊とアルパカの原毛をブレンドした糸を使って、太めの針でガーター編みをベースにした小さなダイヤ柄を編みました。スチーム仕上げのときに広げられるだけ広げます。

[糸]　　ハマナカ ソノモノヘアリー
[編み方]　58ページ

［正方形］19

K
シェットランドレースの ショール

中心、周囲、エジングの3段階に編んだシェットランドレースの王道の、四角いショール。複雑に見えますが、繰返しの編み方なので40ページの写真解説を見ながらチャレンジしてください。

［糸］　　リッチモア マイルドラナ
［編み方］　62ページ

［正方形］

21

L
グラデーションのレースの ショール

20ページのシェットランドレースの模様を
アレンジした四角いショール。段染めの糸で
編むと、さざ波のようなやわらかい表情にな
りました。

［糸］　　ハマナカ アルパカエクストラ
［編み方］66ページ

［正方形］

M
ストライプ模様の三角ショール

太さの違うカシミヤとモヘアの糸を、表目と裏目で2段ずつ交互に編んだ三角ショール。細い糸1本の透け感がレースのように美しい。縁を寄せ目の模様にしてスカラップが出るようにデザインしました。

[糸] リッチモア カシミヤ
リッチモア エクセレントモヘア
〈カウント10〉
[編み方] 59ページ

［三角形］

N
変形三角の2つのショール

片方の先端から減らす、増やすを繰り返して編む三角ショール。大きさは好みのところで終えることができます。グリーンのグラデーションがオーロラのようで、とてもきれい。

[糸] ハマナカ アルパカエクストラ
[編み方] 70ページ

o
変形三角の2つのショール

26ページと同じ目数、段数で編んだ三角
ショール。単色なので、1列に並べたアイレッ
トの模様が効果的です。変形三角の後ろ姿も
かわいい。

[糸]　　　ハマナカ ソノモノ《合太》
[編み方]　70ページ

P

3種類のレース模様の
ショール

シルクとスーパーキッドモヘアの混紡糸を、適正より太い針でざっくりと、より透けるように編みました。3種類のレース模様を配して、模様のコントラストを楽しみます。

[糸]　　　ハマナカ シルクモヘアパルフェ
[編み方]　72ページ

［三角形］ 29

30

Q
半円形のレーシーショール

きれいな萌黄色の糸で、首のところから半円になるよう、アイレットで規則的に目数を増やしました。縁のリーフ柄も模様を生かしながら目を増して広げます。

[糸]　　リッチモア エクセレントモヘア〈カウント10〉
[編み方]　76ページ

[半円] 31

R
引返し編みのショール

エジングとケーブル模様を先に編み、目を拾って透し模様を引き返しながら半円に編みました。きれいなブルーのカシミヤで編めば、肌触りもよく、着こなしのポイントにもなります。

［糸］　　リッチモア カシミヤ
［編み方］　80ページ

［半円］

S
リーフ模様のショール

エジングと本体を一体に編み、ガーター編みのところで増減をして形を作ります。つけ衿のようなミニショールに仕上げました。

[糸] 　　リッチモア バーセント
[編み方] 83ページ

T
リーフ模様のショール

左ページと同じ編み方で、模様を増し、肩回りをおおう幅にした三日月形のショール。リーフ模様のエジングがスカラップになってかわいい。

[糸]　　　リッチモア パーセント
[編み方]　83ページ

［半円］

u
アイコード使いのショール

アンゴラの毛並みがゴージャスな糸で、ジャケット代わりになる扇形のショールを作りました。表目を立てて、寄せ目のレース模様を小さくしながら形を出します。編終りは伸縮が出るようにアイコードを使いました。

[糸] リッチモア カシミヤアンゴラ
[編み方] 86ページ

［扇形］

37

V
スカラップ模様のショール

編みやすい太さの合太の糸を使い、2つの模様の切替えで目を減らすことで外側にカーブをつけたショール。アイレットと引上げの立体的な編み地がレリーフのようです。

[糸] ハマナカ ソノモノ《合太》
[編み方] 88ページ

W
ダイヤの交差模様のケープ

カシミヤとヤクのブレンド糸はふくらみがあり、肌触りもよくてとても暖かい。ダイヤの交差模様を小さくしながらカーブをつけます。ゴム編みは折り返しても立ててもよいように、上までボタンをつけました。

[糸]　リッチモア カシミヤヤク
[編み方]　90ページ

[扇形]

シェットランドレースのショールの編み方

P.62 のシェットランドレースのショールで解説します。
わかりやすいように糸の色は替えて解説しています。

[中心]を編む

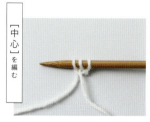

1 指に糸をかけて目を作る方法で3目作る。

2 2段め。手前から糸をかけてかけ目。

3 表目を3目編む。

4 3段め。1目めをかけ目。

5 表目で3目編み、前段でかけ目をした目も表目で編む。

6 3段めが編め、5目に増えた。

7 同じ要領で、編始めでかけ目をしながら増し目をし、10段が編めた。131段まで編み進む。

8 132段め。編始めはかけ目をし、矢印のように針を入れて表目で左上3目一度に編む。

9 2目減った。

10 表目で端まで編む。

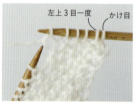

11 表に返し、かけ目を1目、左上3目一度を編み、表目で編み進む。

12 同様に、編始めでかけ目、左上3目一度を編みながら261段まで編む。

13 中心のガーター編みが編めた。針には3目残る。それぞれの角に糸印をつけておく。

[周囲]を編む

1 258段めの端のかけ目に矢印のように針を入れて1目拾う。

2 1目拾った。同じ要領でかけ目をすくって目を拾う。

3 2段ごとのかけ目から5目拾ったところ。

4 作り目側まで半周拾ったところ。

5 作り目の3目めをすくって拾う。左下の辺の65目めになる。

6 中央の1目を拾う。

7 作り目の1目めをすくって拾う。これが右下の辺の65目めの1目めになる。

8 続けてかけ目をすくって目を拾い、1周する。

9 針には中心で残した2目と拾い目262目がかかっている。1段めが拾えた。

10 2段め。中心の最後に残した2目を裏目で編む。

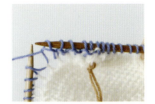

11 続けて裏目で編み、1周する。

12 2段めが編めたら、11目ごとに糸印をつけておく（P.64、65の図の▲印参照）。

13 3段め。角の1目を表目、次に増し目のかけ目を編む。

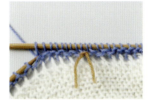

14 一模様（11目）で6目ずつかけ目で増す。

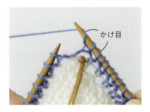

15 表目の段は角の1目の左右はかけ目で増し目をして編む。

16 6段めの1つめの角まで編んだところ。

17 7段め。かけ目と2目一度を記号図どおりに繰り返しながら編み進む。

18 周囲の模様編みAが編めた（目は輪針にかかった状態）。

エジングは別鎖から目を拾い、周囲と左上2目一度でつなぎながら往復に編む。

[エジングを編む]

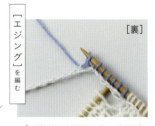

1 綿糸で14目に2～3目多く鎖編みをし、編み地を裏返して周囲の編終りの糸で裏山をすくいながら14目拾う（1段め）。

2 表に返して2段めを編む。

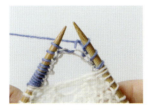

3 表目を3目編む。

4 かけ目と表目で模様を編みながら14目編む。

5 最後の1目は周囲の模様編みAと左上2目一度で編む。

6 周囲とつながったところ。

7 裏返して記号図どおりにつなぎながら往復に編み進む。

8 11段編み、表に返したところ。

9 12段め。右端で5目伏せ目をする。このとき目がつれないように注意する。

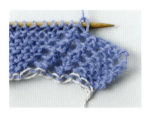
10 13段編め、1模様ができた。

11 続けて編み進み、3模様が編めた。

12 同じ要領で1周編めたところ。別鎖をほどき1〜2号細い針に目を移す。

13 編終りの糸をエジングの幅の3倍くらい残して切り、とじ針に通して表側に針を出し、編始めの端の目に裏側から針を入れる。

14 隣の目の表側から裏側に針を出す。

15 編終り側は表側から針を入れて隣の目の裏側から表側に針を出す。

16 ガーターはぎ(P.94参照)の要領ではぎ合わせる。間に目ができる。

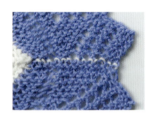
17 目がつながった。

18 編み地を裏返し、表にひびかないように2〜3段すくう。

19 半返しの要領で1目戻りながらもう一度すくい、根もとで糸を切る。

20 仕上げはアイロン台に平らに広げ、アイロン仕上げ用ピンで模様の角をとめ、アイロンを少し浮かせて蒸気をかける。

21 ピンをとめたまま、完全に冷めて形が落ち着くまで置いて出来上り。

マフラーの縞模様の糸の渡し方
（P.52より）

わかりやすいように糸の色を替えています。マスタードイエローはa色、グレーはb色で解説しています。

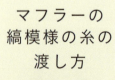

1 b色2段、a色2段編んだら3段めを編むときに、b色の糸をa色の上に渡して糸を交差させ、続けてa色をあと2段編む。

2 a色4段が編めたら、手前からb色の糸を上げて表目で編む。同じ要領で2段ごとに編んでいないほうの糸を交差させながら編む。

3 裏返したところ。端の目は2段ごとに交差し、裏側も美しく仕上がる。

スヌードの編み方
(P.57より)

わかりやすいように
糸の色を替えています。
グレーはa色、
オフホワイトはb色で
解説しています。
編むときは、4本針を使い、
同じ方向に2段ずつ編みます。

[イギリスゴム編み]を編む

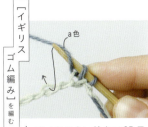

1 すべりのよい綿糸で35目鎖編みをし、a色の糸で鎖目の裏山をすくって表目を2目、かけ目を1目する。

2 鎖目を1目飛ばして表目を1目編み、かけ目をする。これを繰り返し35目編み、糸を左側で休ませる。

3 2段め。編み地は表側のまま、右端にb色の糸をつけ、1目めはすべり目。2目めは裏目で編む。3目めはすべり目とかけ目をする。

4 4目めは裏目で編み、すべり目とかけ目、裏目を繰り返し、最後の目はすべり目をし、b色の糸を休ませる。

5 3段め。休ませておいたa色の糸で裏目を1目、次にすべり目とかけ目をする。

6 前段のかけ目とすべり目を一緒に裏目で編む。すべり目とかけ目、裏目を繰り返して端まで編む。

7 4段め。b色の糸で1目めはすべり目をする。2目めは前段のかけ目とすべり目を一緒に表目で編む。

8 表目が編めた。次の目をすべり目とかけ目、表目で編む、を繰り返し、最後の目はすべり目をする。

9 5段め。a色の糸で表目を1目、すべり目とかけ目をする。

10 前段のかけ目とすべり目を表目で編む。すべり目とかけ目、表目を繰り返して端まで編み、糸を休ませる。

11 6段め。休ませておいたb色の糸で、1目めはすべり目、2目めは前段のすべり目とかけ目を裏目で編む。

12 すべり目とかけ目、裏目を交互に繰り返して編み進む。

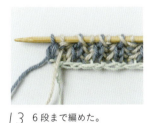

13 6段まで編めた。
※最終段まで編んだら、2本の棒針にすべり目とかけ目、裏目に分けて移す。

[輪につなぐ]

1 編み地の裏側から編終りの糸を使って左から右にメリヤスはぎの要領で最終段と2段めのb色の目だけをすくいながらはぎ合わせる。

2 b色の糸がつながったところ。b色の目の針は引き抜く。

3 編み地の表側をはぎ合わせる。作り目の綿糸をほどきながら、メリヤスはぎの要領で1段めをすくう。

4 編終り側のすべり目とかけ目を2本一緒にすくう。

5 1、2ではぎ合わせた目をすくう。次に針にかかったすべり目とかけ目を2本一緒にすくう。

6 3〜5を繰り返し、メリヤスはぎの要領ではぐ。

アイコードの編み方（P.87より）

わかりやすいように糸の色は替えて解説しています。

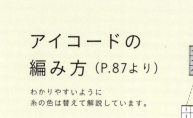
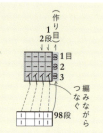

1 98段めの編終りの糸から続けて巻き目で3目作る。

2 巻き目の2目を表目で編み、3目めは編まずに右の針に移す。

3 本体の端の目を表目で編み、移した目をかぶせて針からはずす。

4 右上2目一度が編めた。左の針に3目を戻す。

5 アイコードの2目を表目で編み、3目めと本体の目を右上2目一度に編む。

6 毎段4〜5を繰り返す。

編み方（P.89より）

わかりやすいように糸の色は替えて解説しています。

1 1段め。手前から糸をかける（かけ目）。

2 次の目は裏目で左上2目一度を編む。

3 2段め。前段の2目一度を表目で編み、糸を手前にしてかけ目を右の針に編まずに移す。

4 3段め。糸を向う側にして前段のすべり目を編まずに右の針に移す。

5 4段め。2段すべり目した目に矢印のように針を入れて一度にすくって裏目で編む。

6 引上げ編みが編めた。

7 5段め。糸を向う側にして目を編まずに右の針に移す（すべり目）。

8 6段め。裏目で編む。

9 模様が編めた。

A → P.5
ドット模様のマフラー

[糸]　リッチモア カシミヤ　赤(110) 170g
[針]　5号、6号玉付2本棒針　4/0号かぎ針
[ゲージ]　メリヤス編み、模様編みB
　　　　25目32段が10cm四方
[サイズ]　幅28.5cm　長さ197cm
[編み方]　糸は1本どりで編みます。
　　　　指に糸をかけて目を作る方法で72目作り目をし、ガーター編み、メリヤス編み、模様編みA、Bで増減なく編み、編終りは裏を見ながら表目で伏止めします。

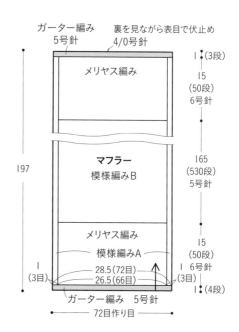

マフラーの編み方

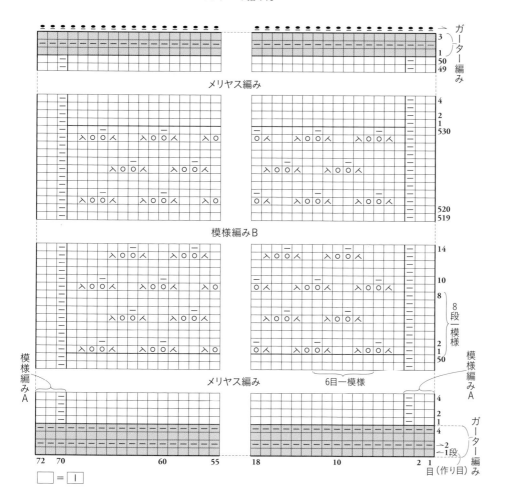

B → P.6
レース模様の大判ストール

- [糸] ハマナカ シルクモヘアパルフェ 黒(20) 125g
- [針] 6号、7号玉付2本棒針 6/0号かぎ針
- [ゲージ] 模様編みB 20目28段が10cm四方
- [サイズ] 幅62.5cm 長さ198cm
- [編み方] 糸は1本どりで編みます。
  指に糸をかけて目を作る方法で127目作り目をし、模様編みA、B、ガーター編みで増減なく編み、編終りは裏を見ながら表目で伏止めします。

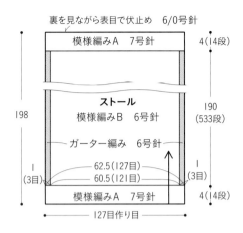

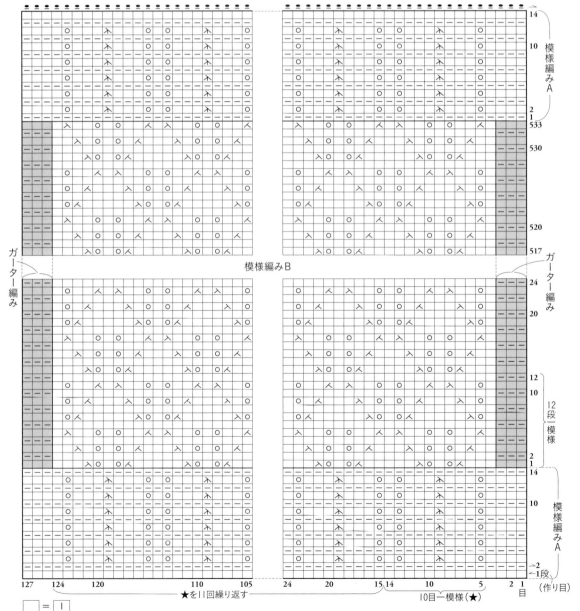

D → P.9
フューシャパープルのカシミヤストール

- [糸] リッチモア カシミヤ
  フューシャパープル (119) 255g
- [針] 5号玉付2本棒針　4/0号かぎ針
- [ゲージ] 模様編み　21目31.5段が10cm四方
- [サイズ] 幅48cm　長さ204cm
- [編み方] 糸は1本どりで編みます。
  指に糸をかけて目を作る方法で103目作り目を
  し、ガーター編み、模様編みで増減なく編み、編
  終りは裏を見ながら表目で伏止めします。

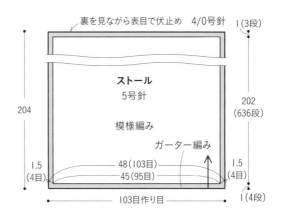

ストールの編み方

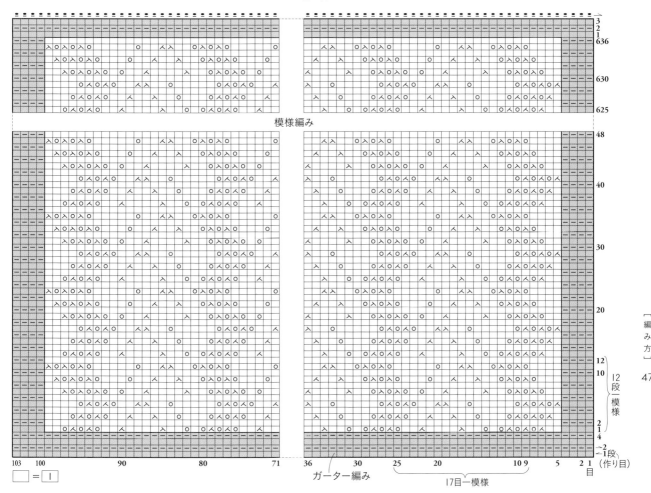

C → P.8
ダイヤ模様のストール

- [糸] リッチモア アルパカレジェーロ
  茶色(7) 210g
- [針] 10号玉付2本棒針　9/0号かぎ針
- [ゲージ] 模様編み　15.5目26.5段が10cm四方
- [サイズ] 幅50cm　長さ199cm
- [編み方] 糸は1本どりで編みます。
  指に糸をかけて目を作る方法で81目作り目をし、ガーター編み、模様編みで増減なく編み、編終りは裏を見ながら表目で伏止めします。

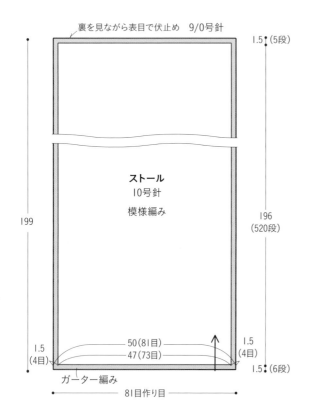

ストールの編み方

模様編み

ガーター編み　18目一模様

40段模様

［編み方］

49

E → P.10
ミントグリーンのレーシーストール

[糸] ハマナカ 純毛中細 ミントグリーン(34) 200g
[針] 7号玉付2本棒針 5/0号かぎ針
[ゲージ] 模様編みC 17目27段が10cm四方
(※スチーム仕上げ後)
[サイズ] 幅52cm 長さ174.5cm
[編み方] 糸は1本どりで編みます。
指に糸をかけて目を作る方法で89目作り目をし、模様編みA、A'、B、Cで記号図のように編み、編終りは裏を見ながら表目で伏止めします。
(レースの作品は、編むときは縮んだまま気にせずに編み、編み終ってからピン打ちをして広げられるだけ広げてスチームをかけ、編み地が落ち着くまでそのままにして、落ち着いてからピンをはずします)

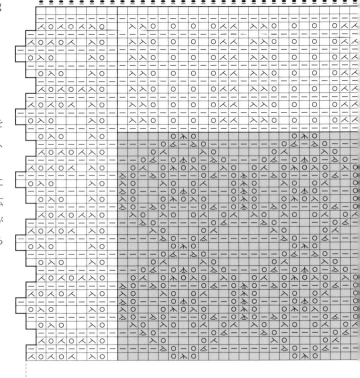

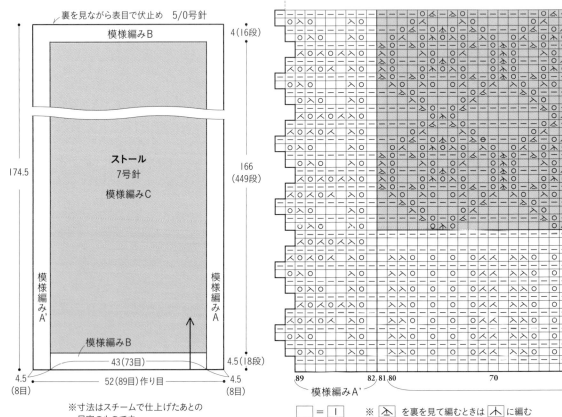

ストールの編み方

模様編みC

模様編みB

模様編みA

14段一模様

12目一模様（★）
（模様編みCの端の目は異なる）

8段一模様

［編み方］

51

G → P.14
引上げ模様のマフラー

- [糸] リッチモア パーセント
  マスタードイエロー（14）165g　グレー（93）75g
- [針] 6号、5号玉付2本棒針　5/0号かぎ針
- [ゲージ] メリヤス編み 21目が10cm　26段が9cm
  模様編み　21目38段が10cm四方
- [サイズ] 幅28cm　長さ186cm
- [編み方] 糸は1本どりで、縞模様以外はマスタードイエローで編みます。
  指に糸をかけて目を作る方法で59目作り目をし、ガーター編み、メリヤス編み、ガーター編みの縞模様、模様編みの縞模様（糸の渡し方はP.42参照）で増減なく編み、編終りは裏を見ながら表目で伏止めします。

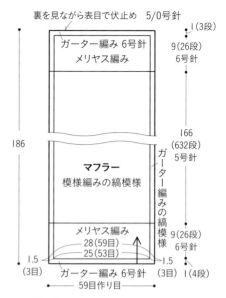

マフラーの編み方

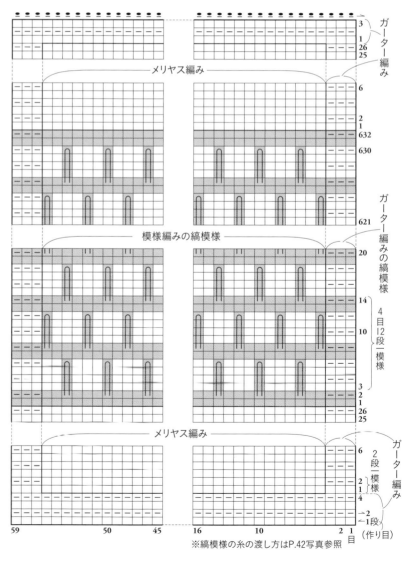

※縞模様の糸の渡し方はP.42写真参照

F → P.12
交差模様のルアナ

[糸] ハマナカ ソノモノアルパカリリー
ライトグレー（114）640g
[針] 10号、9号輪針（80㎝）※輪針で往復に編む。
8/0号かぎ針
[ゲージ] 模様編みB　22目24段が10㎝四方
[サイズ] 後ろ幅101㎝　着丈75㎝
[編み方] 糸は1本どりで編みます。
左右前身頃は指に糸をかけて目を作る方法で作り目をし、2目ゴム編み、模様編みA、A'、Bで増減なく後ろ身頃分の26段まで編み、目を休めます。後ろ身頃は、左右前身頃の右前身頃を上にして4目重ねて拾い目し、同様に編みます。編終りは前段と同じ記号で伏止めします。

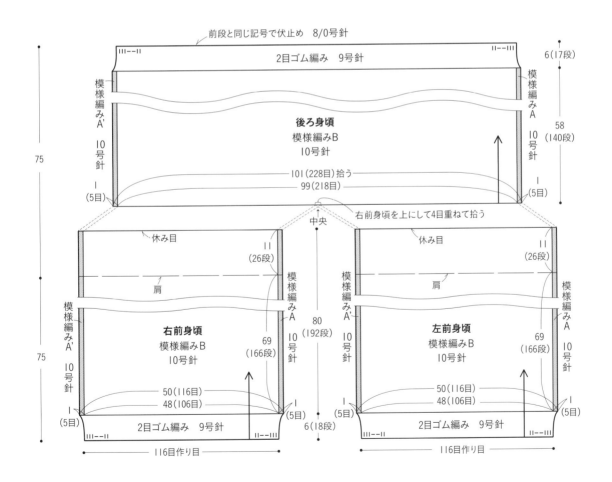

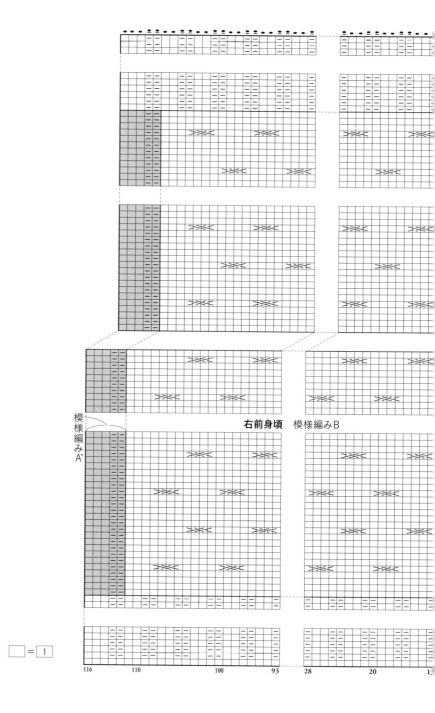

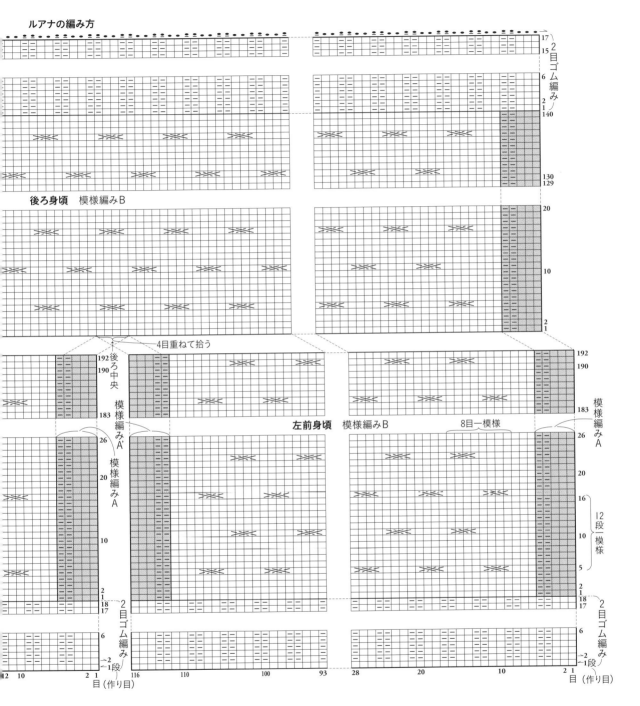

H → P.16
斜め模様のストール

- [糸] リッチモア エクセレントモヘア〈カウント10〉
  シルバーグレー（4）65g　ピンク（81）45g
  ベージュ（62）20g　ローズピンク（61）5g
- [針] 8号玉付2本棒針　7/0号かぎ針
- [ゲージ] 模様編みBの縞模様　21目21段が10cm四方
- [サイズ] 幅35cm　長さ195.5cm
  ※編み地は斜めになる。
- [編み方] 糸は指定の2本どりで編みます。
  指に糸をかけて目を作る方法で73目作り目をし、模様編みA、A'、模様編みBの縞模様で増減なく編み、編終りは裏を見ながら表目で伏止めします。

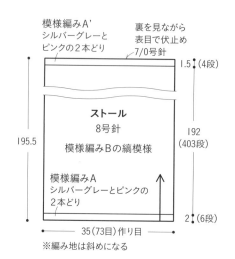

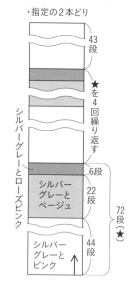

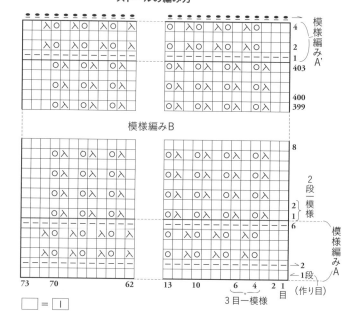

1 → P.17
イギリスゴム編みのスヌード

[糸] リッチモア アルパカレジェーロ
　　　グレー（3）、オフホワイト（1）各45g
[針] 10号4本棒針
[ゲージ] 模様編みの縞模様　12目32段が10cm四方
[サイズ] 幅29cm　長さ146cmの輪
[編み方] 糸は1本どりで、P.43の写真を参照して編みます。別糸を使って目を作る方法で35目作り目をし、イギリスゴム編みで編み方向に注意しながら1段ずつ交互に色を替えて、増減なく編みます。編終りは休み目にし、糸は2色共にはぎ合せ用を残します。編始め側は別糸を抜いて拾い目をし、裏側と表側でそれぞれはぎ合わせます。

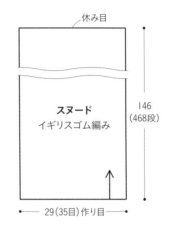

スヌードの編み方

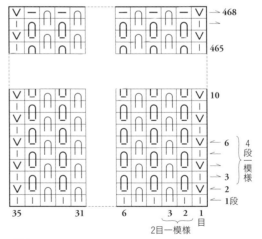

編始めと編終りを突き合わせ、裏側からはオフホワイト、表側からはグレーでそれぞれはぎ合わせる（P.43写真参照）

J → P.18
ダイヤのレース模様のショール

[糸]　ハマナカ ソノモノヘアリー
　　　チャコールグレー（125）160g
[針]　11号玉付2本棒針　10/0号かぎ針
[ゲージ]　模様編み　15目21段が10cm四方
　　　（※スチーム仕上げ後）
[サイズ]　幅100.5cm　長さ117.5cm
[編み方]　糸は1本どりで編みます。
　　　指に糸をかけて目を作る方法で153目作り目を
　　　し、ガーター編み、模様編みで増減なく編み、編
　　　終りは裏を見ながら表目で伏止めします。
　　　（レースの作品は、編むときは縮んだまま気に
　　　せずに編み、編み終ってからピン打ちをして広
　　　げられるだけ広げてスチームをかけ、編み地が
　　　落ち着くまでそのままにして、落ち着いてから
　　　ピンをはずします）

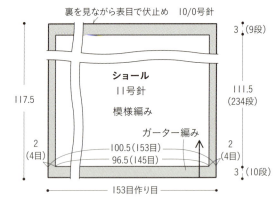

※寸法はスチームで仕上げたあとの
　目安のものです

ショールの編み方

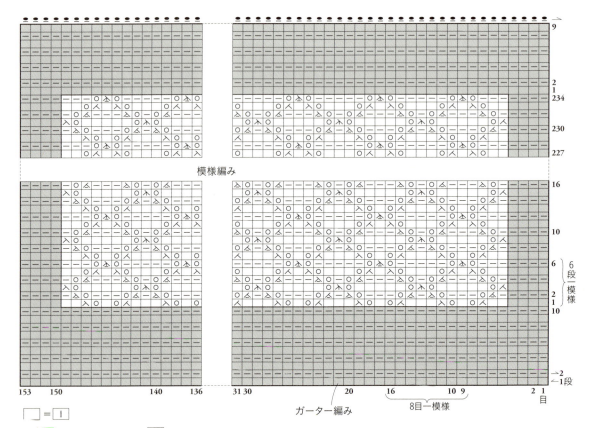

M → P.24
ストライプ模様の三角ショール

[糸] リッチモア カシミヤ
シルバーグレー（106）65g
リッチモア エクセレントモヘア
〈カウント10〉 シルバーグレー（4）15g

[針] 4号輪針（80cm）※輪針で往復に編む。
3/0号かぎ針

[ゲージ] 模様編みA 21目42段が10cm四方
模様編みB 20目が10cm 27段が8.5cm

[サイズ] 図参照

[編み方] 糸は指定の糸を使って、1本どりで編みます。
指に糸をかけて目を作る方法で3目作り目をし、ガーター編みを6段編みます。続けて3辺から9目拾い目をし、ガーター編みの縞模様、模様編みAの縞模様で図のように目を増しながら128段、ガーター編み、模様編みBで27段編みます。編終りは裏を見ながら表目で伏止めします。

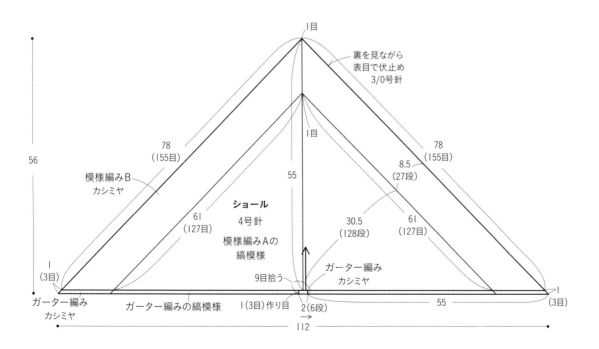

ガーター編みと模様編みBの記号図

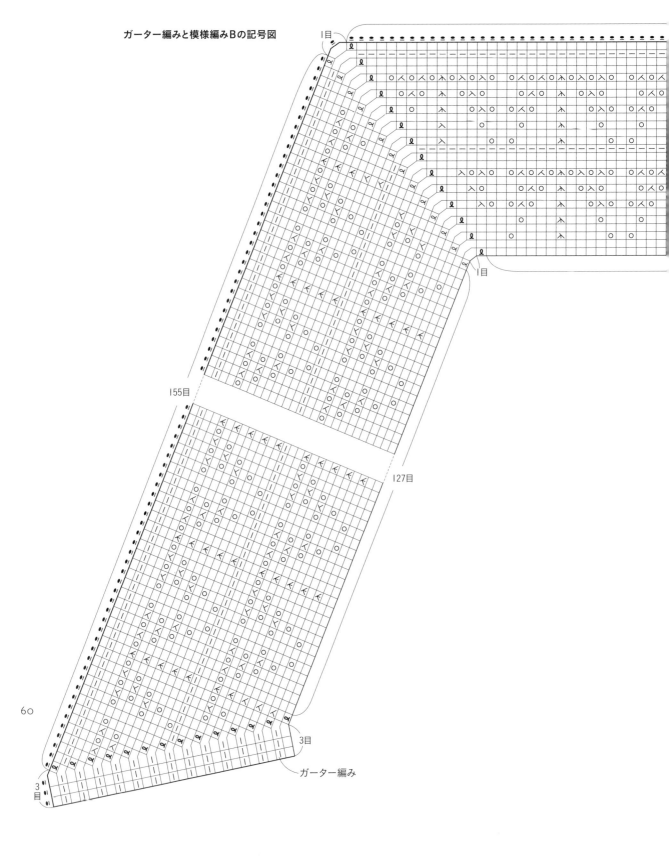

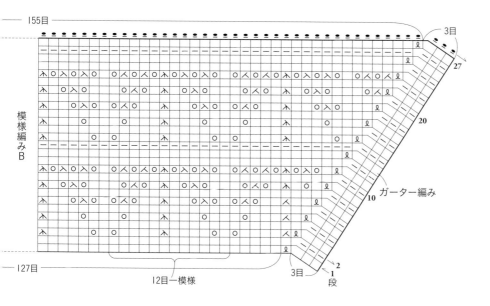

ガーター編みの縞模様と模様編みAの縞模様の記号図

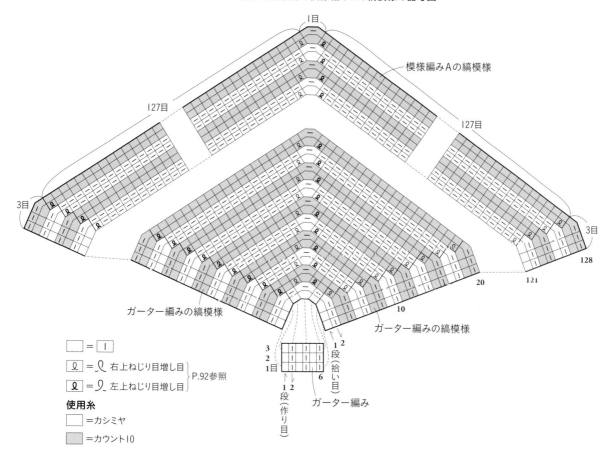

K → P.20
シェットランドレースのショール

[糸] リッチモア マイルドラナ
オフホワイト（2）245g
[針] 7号輪針（80cm）※往復編みの部分も輪針で往復に編む。
[ゲージ] ガーター編み　16.5目32.5段が10cm四方
模様編みA　18目32段（1、2段を除く）が10cm四方（※スチーム仕上げ後）
[サイズ] 105×105cm
[編み方] 糸は1本どりでP.40〜42を参照して編みます。
中心は指に糸をかけて目を作る方法で3目作り目をし、両端でかけ目をしながらガーター編みで菱形に編み、残った3目を休めます。周囲は、続けて回りから輪に拾い目をし、模様編みAで角をつけながら編み、目を休めます。エジングは別糸を使って目を作る方法で14目作り目をし、模様編みBで内側の1目は模様編みAの目と左上2目一度をしながら編み、編終りの目は休み目にします。作り目の別糸をほどいて拾い目をし、ガーターはぎで輪にします。（レースの作品は、編むときは縮んだまま気にせずに編み、編み終わってからピン打ちをして広げられるだけ広げてスチームをかけ、編み地が落ち着くまでそのままにして、落ち着いてからピンをはずします）

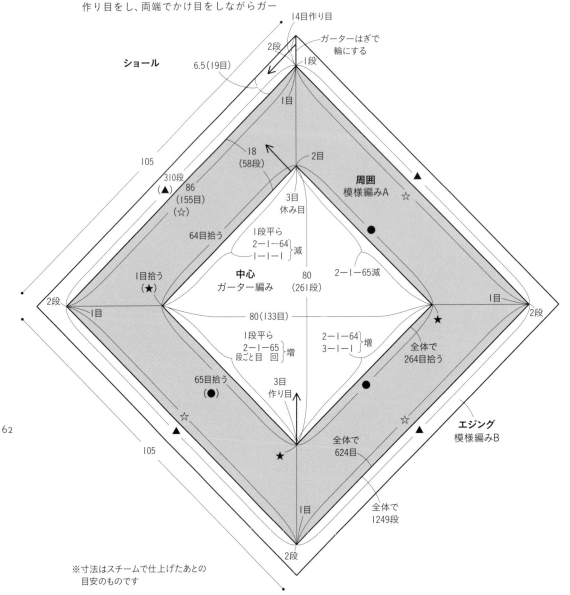

※寸法はスチームで仕上げたあとの目安のものです

中心の編み方

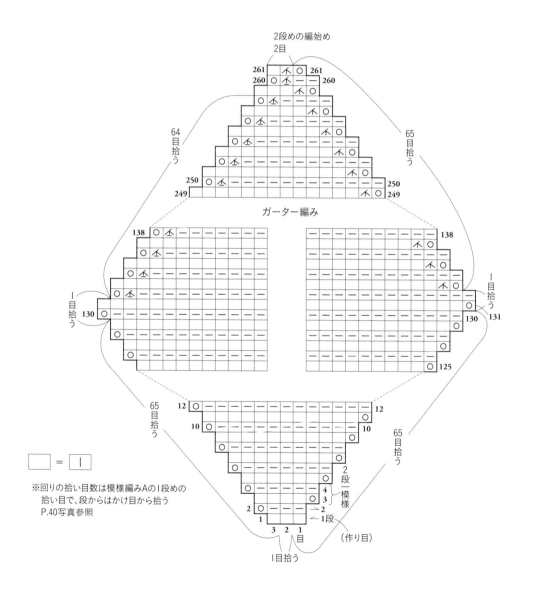

□ = │

※回りの拾い目数は模様編みAの1段めの
拾い目で、段からはかけ目から拾う
P.40写真参照

周囲とエジングの編み方

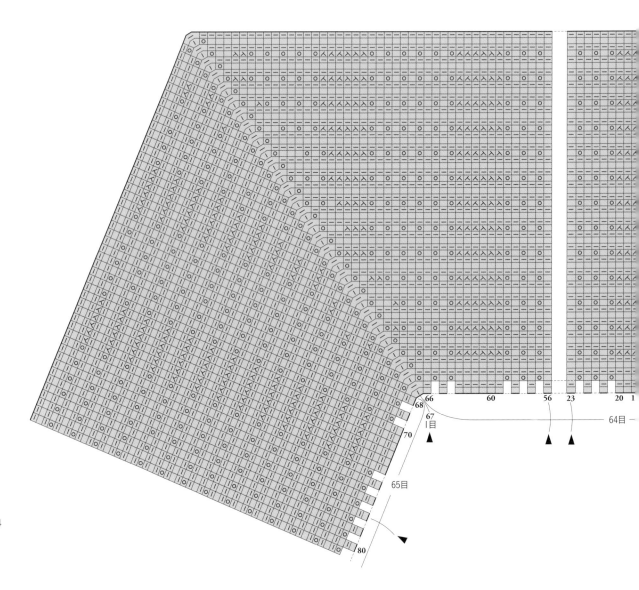

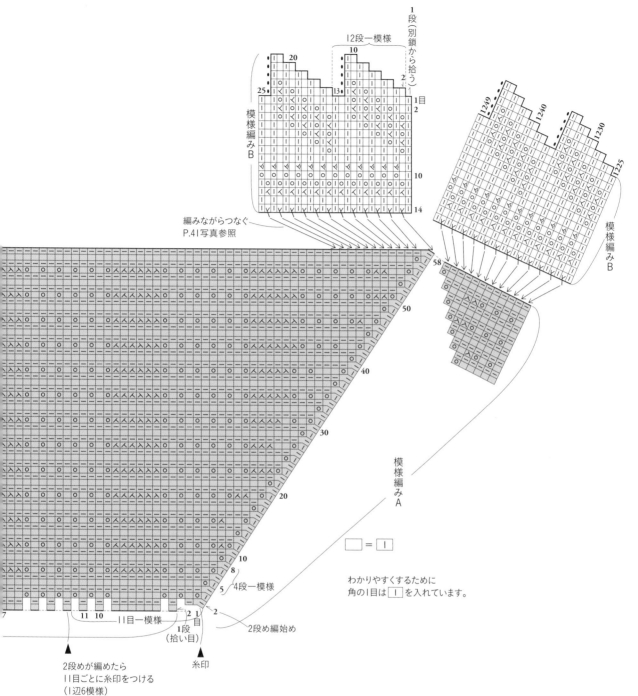

L → P.22
グラデーションのレースのショール

[糸] ハマナカ アルパカエクストラ
ブルー系(4) 220g

[針] 7号輪針(80cm)※往復編みの部分も輪針で往復に編む。

[ゲージ] 模様編みA 16.5目32.5段が10cm四方
模様編みB 16.5目29段(1,2段めを除く)が10cm四方(※スチーム仕上げ後)

[サイズ] 96×96cm

[編み方] 糸は1本どりで、P.40～42の編み方を参照して編みます。中心は指に糸をかけて目を作る方法で3目作り目をし、両端でかけ目をしながら模様編みAで菱形に編み、残った3目を休めます。周囲は、続けて回りから輪に拾い目をし、模様編みBで角をつけながら編み、目を休めます。エジングは別糸を使って目を作る方法で10目作り目をし、模様編みCで内側の1目は模様編みBの目と左上2目一度をしながら編み、編終りの目は休み目にします。作り目の別糸をほどいて拾い目をし、ガーターはぎで輪にします。(レースの作品は、編むときは縮んだまま気にせずに編み、編み終わってからピン打ちをして広げられるだけ広げてスチームをかけ、編み地が落ち着くまでそのままにして、落ち着いてからピンをはずします)

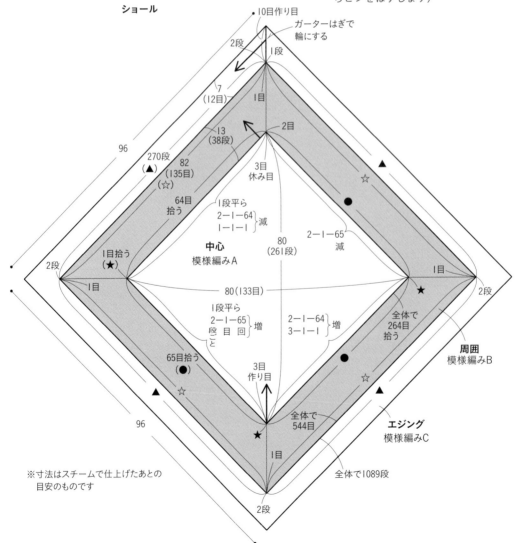

※寸法はスチームで仕上げたあとの目安のものです

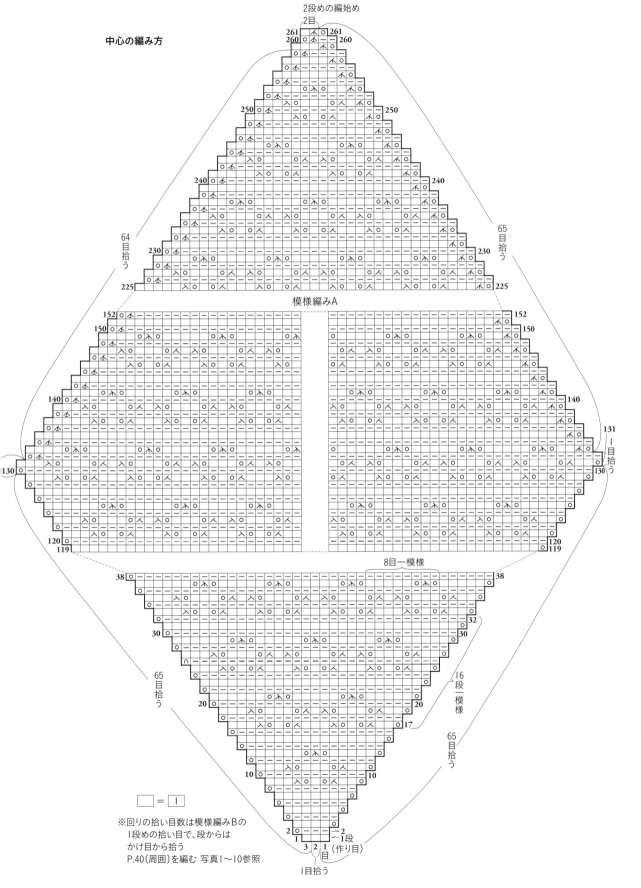

周囲とエジングの編み方

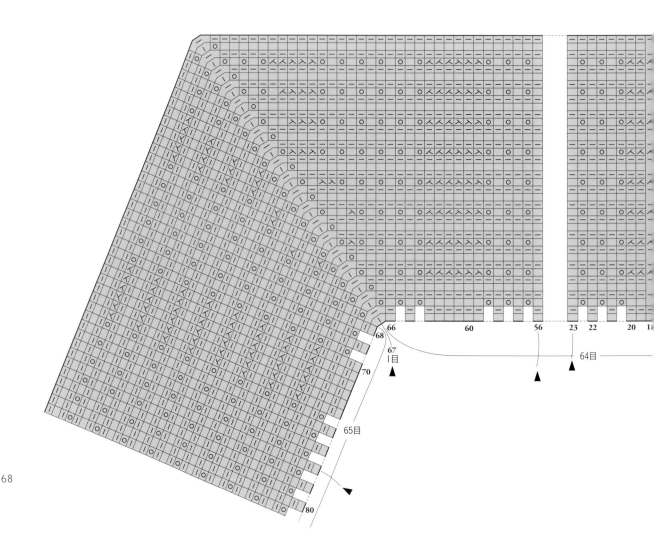

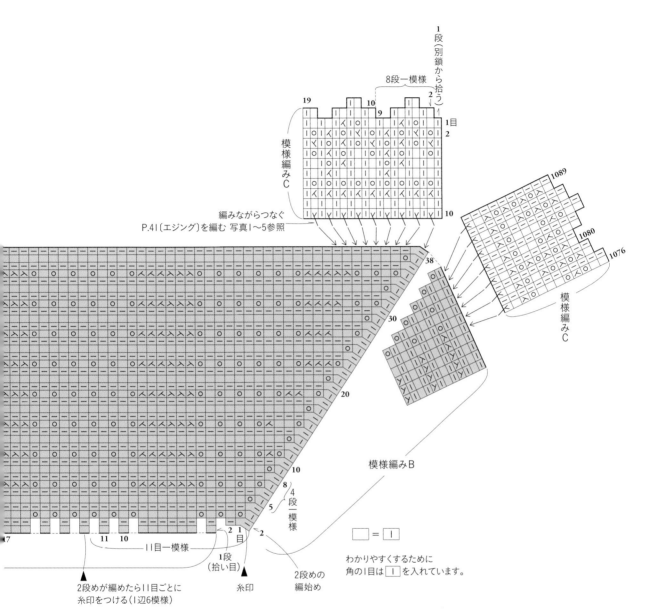

N・O →P.26
変形三角の2つのショール

- [糸] N／ハマナカ アルパカエクストラ
  グリーン系(15) 120g
  O／ハマナカ ソノモノ《合太》
  生成り(1) 160g
- [針] N／6号玉付2本棒針　5/0号かぎ針
  O／7号玉付2本棒針　6/0号かぎ針
- [ゲージ] 模様編み　20.5目36段が10cm四方
- [サイズ] 図参照

[編み方] 糸は1本どりで編みます。
指に糸をかけて目を作る方法で6目作り目をし、模様編みで減し目、増し目をしながら315段編み、編終りは裏を見ながら表目で伏止めします。

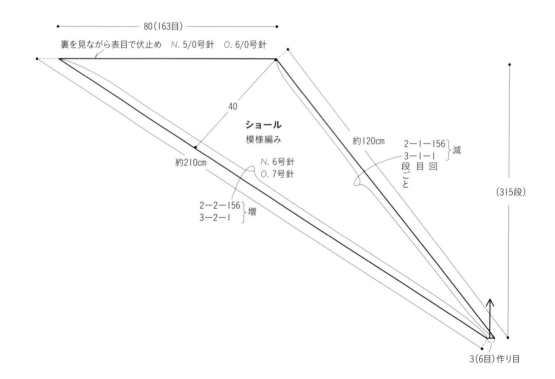

ショールの編み方

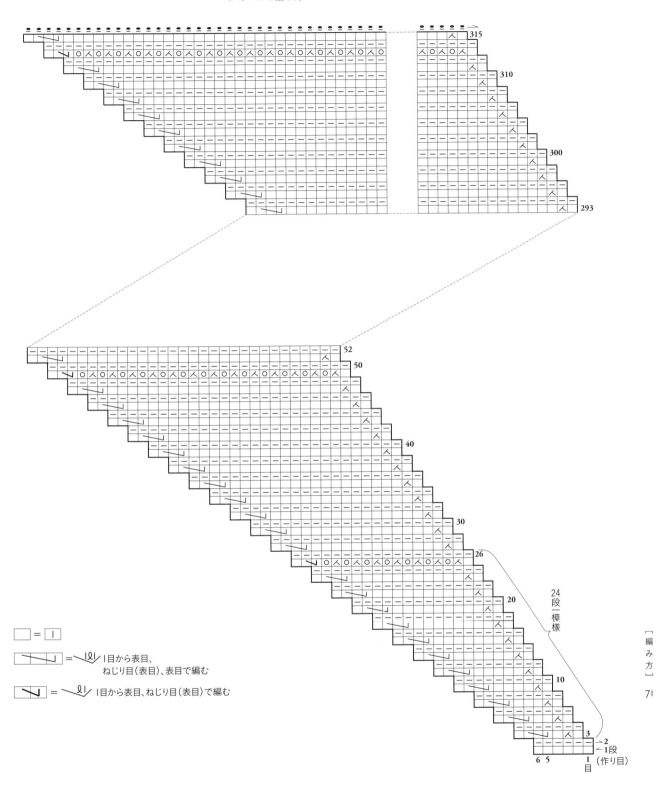

P → p.28
3種類のレース模様のショール

ガーター編み、模様編みAの記号図

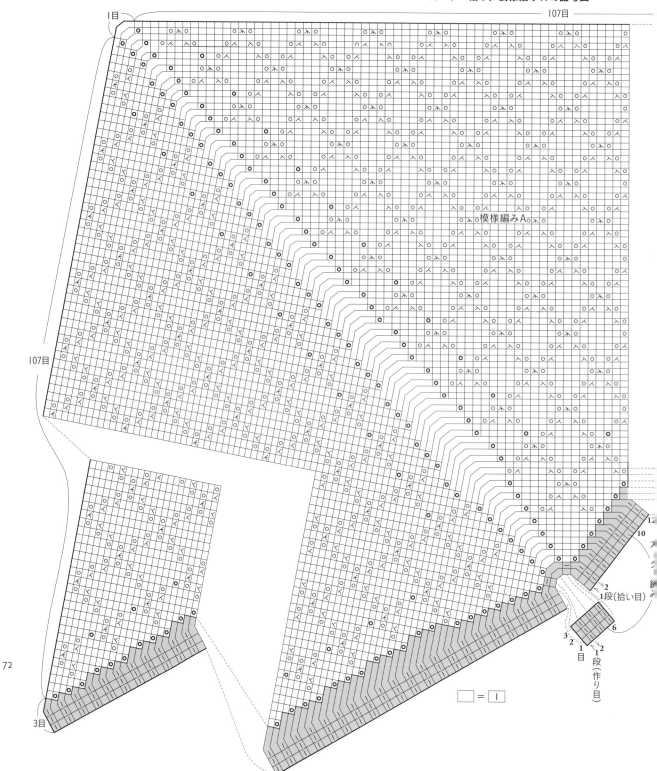

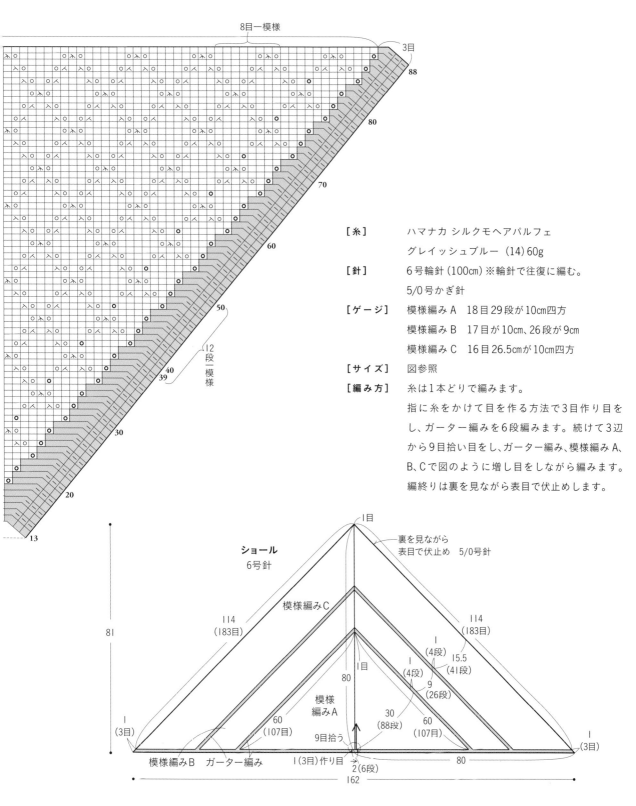

[糸]	ハマナカ シルクモヘアパルフェ グレイッシュブルー（14）60g
[針]	6号輪針（100cm）※輪針で往復に編む。 5/0号かぎ針
[ゲージ]	模様編みA　18目29段が10cm四方 模様編みB　17目が10cm、26段が9cm 模様編みC　16目26.5cmが10cm四方
[サイズ]	図参照
[編み方]	糸は1本どりで編みます。 指に糸をかけて目を作る方法で3目作り目をし、ガーター編みを6段編みます。続けて3辺から9目拾い目をし、ガーター編み、模様編みA、B、Cで図のように増し目をしながら編みます。編終りは裏を見ながら表目で伏止めします。

ガーター編み、模様編みB、Cの記号図

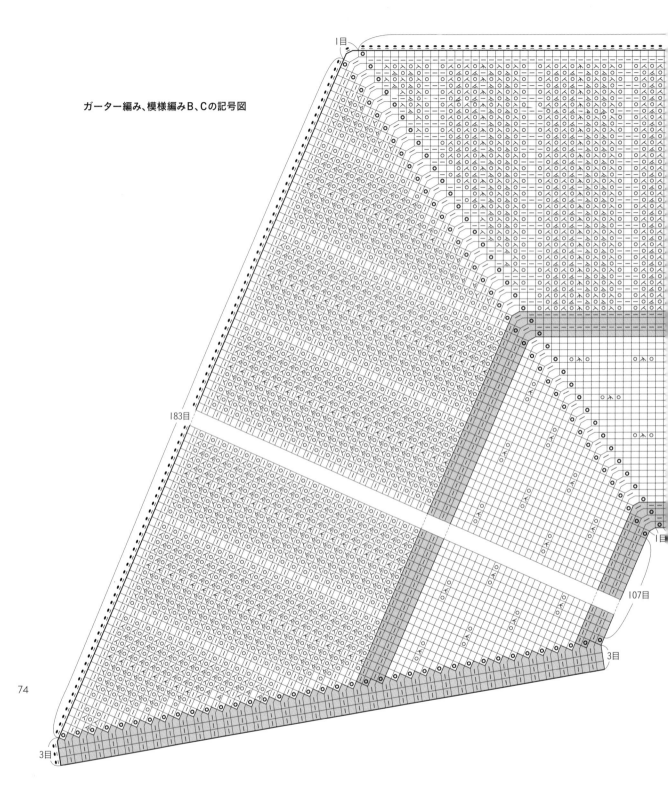

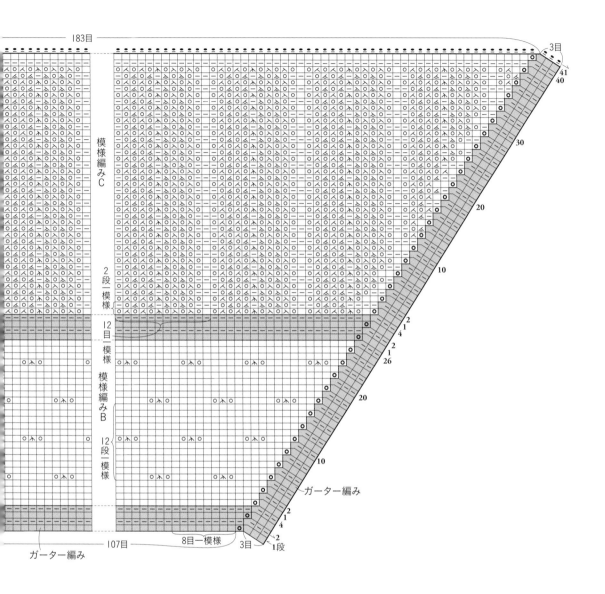

Q → P.30
半円形のレーシーショール

- [糸] リッチモア エクセレントモヘア 〈カウント10〉 萌黄色(84) 80g
- [針] 7号輪針(80cm) ※輪針で往復に編む。 6/0号かぎ針
- [ゲージ] ガーター編み 17目31.5段が10cm四方 模様編み 17目31段が10cm四方
- [サイズ] 図参照

[編み方] 糸は2本どりで編みます。

指に糸をかけて目を作る方法で3目作り目をし、ガーター編みを6段編みます。続けて3辺から9目拾い目をし、ガーター編みで図のように増し目をしながら110段編みます。さらに増し目をしながらガーター編みと模様編みを編み、編終りは裏を見ながら表目で伏止めします。

模様編みの記号図

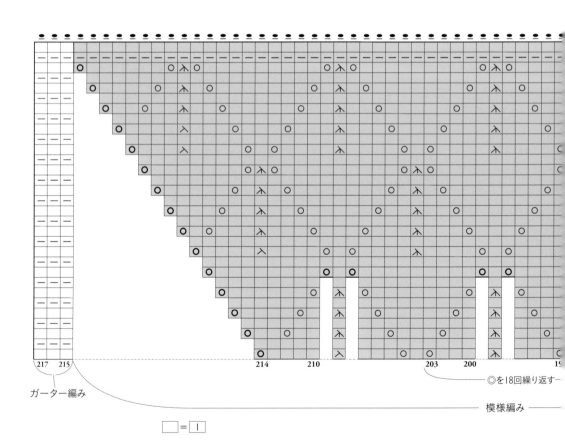

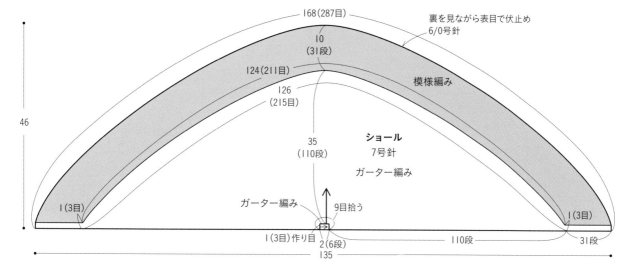

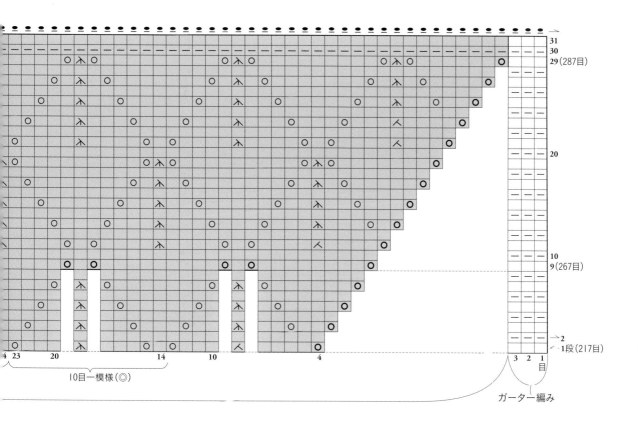

ガーター編みの記号図

中央

△を7回繰り返す　　△

▲を7回繰り返す　　▲

★を7回繰り返す　　★

●を7回繰り返す　　●

☆を7回繰り返す　　☆

□ = □

14
10
3(13目)
2
1(9目拾い目)

3
2
1目
1 2
6
1 段（作り目）

(215目)
110

100

95
(201目)
94
90

80
79(169目)
78

70

63(137目)
62
60

50
47(105目)
46

40

31(73目)
30

20

15(41目)

［編み方］

R → P.32
引返し編みのショール

- **[糸]** リッチモア カシミヤ ブルー（117）165g
- **[針]** 5号玉付2本棒針 4号、6号輪針（100cm）
  ※輪針で往復に編む。3/0号かぎ針
- **[ゲージ]** 模様編みA 37目が12.5cm 35段が10cm
  模様編みB（6号針）23目25段が10cm四方
- **[サイズ]** 図参照

[編み方] 糸は1本どりで編みます。

模様編みAは指に糸をかけて目を作る方法で31目作り目をし、記号図のように567段を編み、編終りは裏を見ながら表目で伏止めします。模様編みBは輪針で模様編みAから拾い目をし、引返し編みをしながら編み、編終りは同様に伏止めします。

ショール

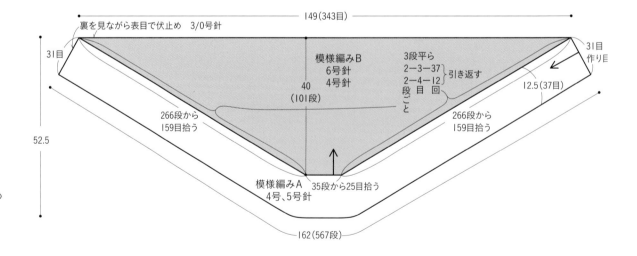

模様編みAの記号図

3目伏せてから
2月内側で
かけ目で増す

□ = ─

∀ は裏を見て編むので Ⅴ に編む

5号針

32段1模様

8段1模様

4号針
2段
1段
（作り目5号針）

［編み方］ 81

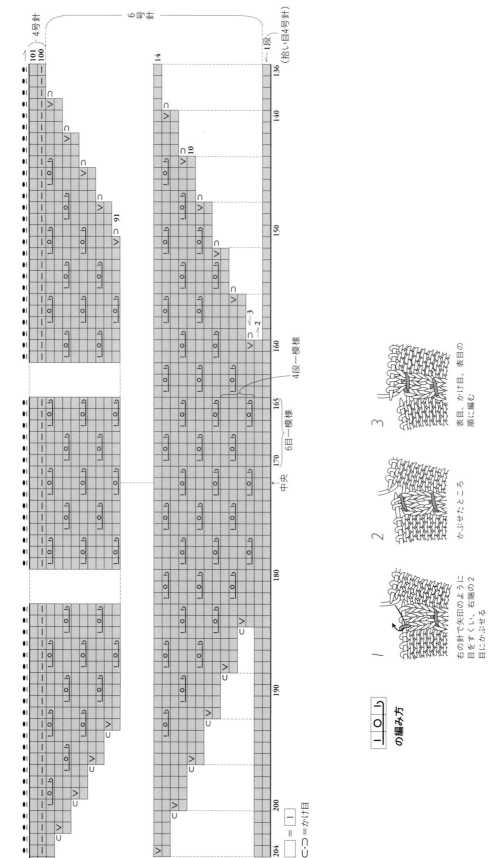

S・T → P.34
リーフ模様のショール

[糸] リッチモア パーセント
S／コーンイエロー（6）53g
T／ネイビー（46）180g
[針] 4号玉付2本棒針
[ゲージ] ガーター編み　20目37段が10cm四方
模様編み　17目が4.5cm　37段が10cm
[サイズ] 図参照
[編み方] 糸は1本どりで編みます。
指に糸をかけて目を作る方法で10目作り目をし、ガーター編みと模様編みで図のように編み、編終りの10目は模様編みの伏止めに続けて伏止めします。

ショール

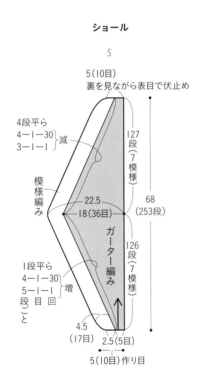
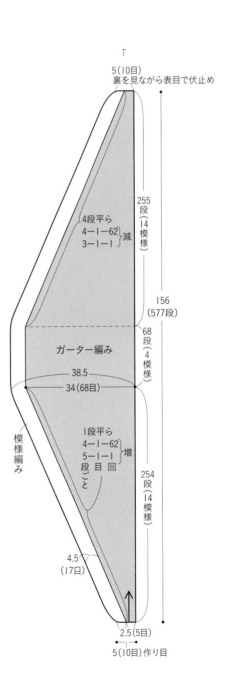

Sの編み方記号図

253
250
240
237

236
232

141
140
130
129

128
127 ←中央
120
111

110
100

45
40
39

38
30
21

左上2目一度で
伏せ目

20
18段一模様
10
3
2
1段
1段（作り目）

□ = ｜

┗┳┛ =裏を見て編むので、前段の1目から、
表目、ねじり目（表目）で編み出す

10   6   5   2 1

模様編み   ガーター編み

84

Tの編み方記号図

※339〜577段めまではガーター編みで減らしながら模様編みを繰り返して編み、編終りはSと同様に伏止めする

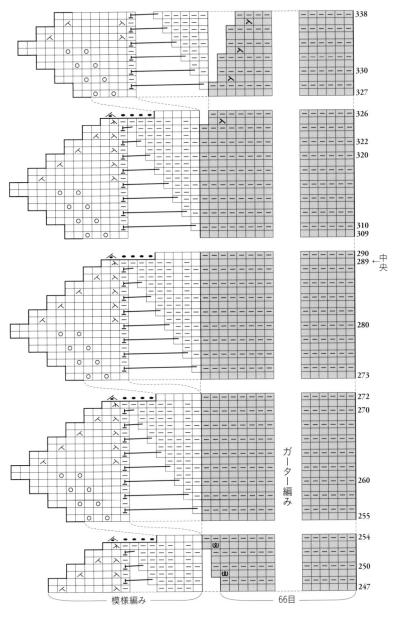

※1〜254段めまではSと同じ要領で増しながら編む

= 裏を見て編むので、前段の1目から、表目、ねじり目（表目）で編み出す

U → P.36
アイコード使いのショール

- [糸] リッチモア カシミヤアンゴラ
  チャコールグレー (5) 235g
- [針] 8号輪針 (80cm) ※輪針で往復に編む。
  6号玉付2本棒針
- [ゲージ] 模様編み 18.5目24段が10cm四方
- [サイズ] 図参照
- [編み方] 糸は1本どりで編みます。
  8号針で指に糸をかけて目を作る方法で325目作り目をし、模様編みで全体を減らしながら98段編み、目を休めます。6号針に替え、巻き目で3目作り目をし、アイコードを編みながら、休み目と右上2目一度でつなぎ、編終りは伏止めします。

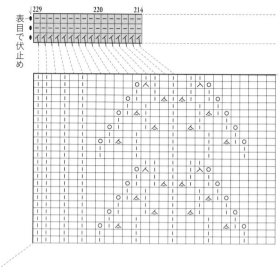

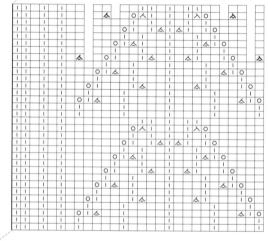

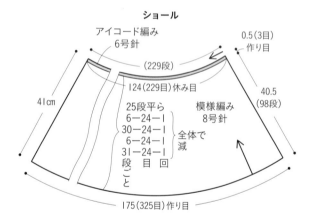

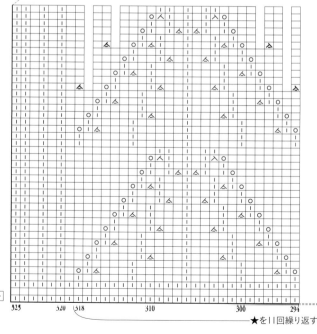

模様編み、アイコード編みの記号図

アイコード編み

〔作り目〕
1段
2段

15　　　10

編みながらつなぐ
(P.44参照)

18目一模様

22目一模様

26目一模様(★)

59　　50　　40　　33 32 30　　20　　10 7 6　　2 1
目 (作り目)

〔編み方〕

87

V → P.38
スカラップ模様のショール

- [糸]　ハマナカ ソノモノ《合太》
　　　　生成り (1) 195g
- [針]　5号輪針 (100cm) ※輪針で往復に編む。
　　　　4/0号かぎ針
- [ゲージ]　模様編み A　26目 28段が 10cm四方
　　　　　模様編み B　21目 36段が 10cm四方
- [サイズ]　図参照

[編み方]　糸は1本どりで編みます。
指に糸をかけて目を作る方法で427目作り目をし、ガーター編み、模様編み Aで増減なく編みます。続けてガーター編み、模様編み Bで編みますが、2段めでは図のように減らしながら編み、編終りは裏を見ながら表目で伏止めします。

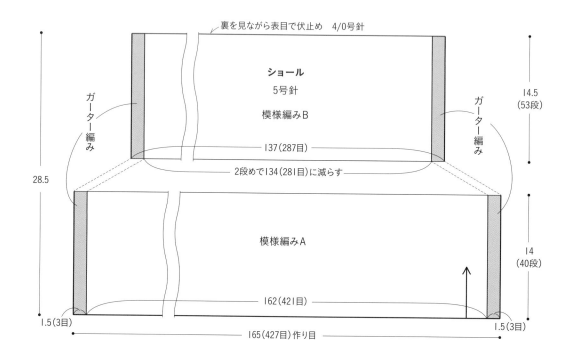

ショールの編み方

模様編みB

模様編みA

12段一模様

4目一模様

12目一模様（★）

★を34回繰り返す

ガーター編み

2段一模様
1目（作り目）

= □ ＝ |

| ─ V ─ | ○ | = 編み方は P.44写真参照

※ は裏を見て編むので
に編む

［編み方］

89

W → P.39
ダイヤの交差模様のケープ

- [糸] リッチモア カシミヤヤク
  ベージュ（2）300g
- [針] 11号、9号輪針（80cm）※輪針で往復に編む。
  7/0号かぎ針
- [付属品] 直径2.2cmのボタン6個
- [ゲージ] 模様編み 24目25段が10cm四方
- [サイズ] 裾回り96cm 着丈37cm

[編み方] 糸は1本どりで編みます。

指に糸をかけて目を作る方法で236目作り目をし、右前立てはボタン穴をあけながら左右前立てをガーター編み、前後身頃は2目ゴム編みと模様編みで記号図のように編みます。続けて衿を2目ゴム編みで編み、編終りは指定の伏止めにします。ボタンをつけます。

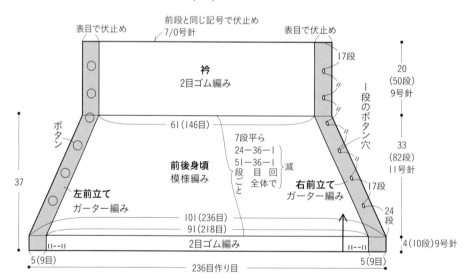

90

ケープの編み方

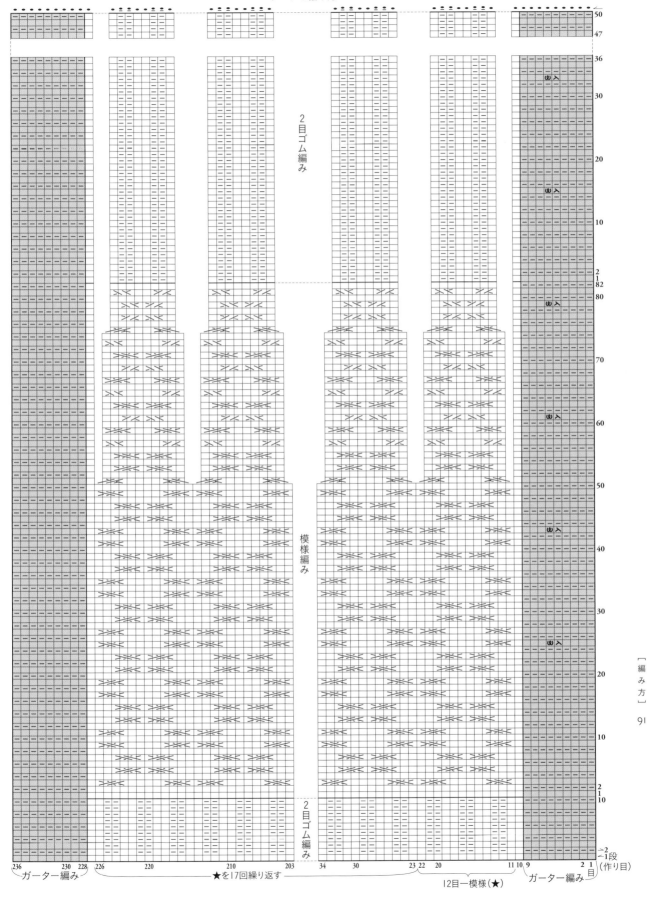

[基礎テクニック]

作り目

◎指に糸をかけて目を作る方法　※作り目は指定の針の号数より2号以上細い針か、針1本にして、1号太い針を使うときれい。

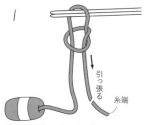
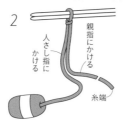
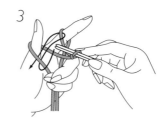
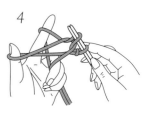

糸端から編む寸法の約3倍の長さのところで輪を作り、棒針をそろえて輪の中に通す

輪を引き締める

短いほうを左手の親指に、糸玉のほうを人さし指にかけ、右手は輪のところを押さえながら棒針を持つ。人さし指にかかっている糸を図のようにすくう

すくい終わったところ

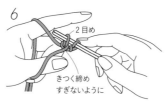

親指にかかっている糸をはずし、その下側をかけ直しながら結び目を締める

親指と人さし指を最初の形にする。3〜6を繰り返す

必要目数を作る。これを表目1段と数える

2本の棒から1本を抜き、糸のある側から2段めを編む

◎別糸を使って目を作る方法

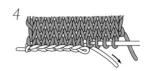

編み糸に近い太さの木綿糸で、鎖編みをし、鎖の編終わりの裏側の山に針を入れて編み糸を引き出す

必要数の目を拾う

拾ったところ。これを表目1段と数える

目を拾うときは、別鎖の目をほどきながら目を針に拾う。最後の端の目は半目を拾う

編み目記号

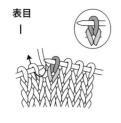

表目
|

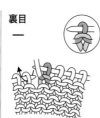

裏目
—

かけ目
○

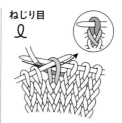

ねじり目
Ω

ねじり目(裏目)
Ω

ねじり目
(右上ねじり目)
(Ω)

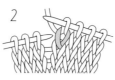

向う側から針を入れ、表目と同様に編む

1段下の目がねじれる

ねじり目
(左上ねじり目)
(Ω)

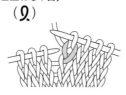

左右側と同じ要領でねじる向きが対称になるように編む

ねじり目増し目
(右上ねじり目)

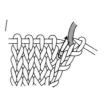

ねじり目で増す場合は渡り糸を矢印のようにすくう

右上2目一度
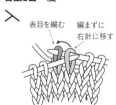
表目を編む / 編まずに右針に移す / 移した目をかぶせる

左上2目一度

表目を2目一度に編む

右上2目一度(裏目)
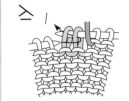
右針に移した2目に針を入れる / 裏目を2目一度に編む

左上2目一度(裏目)
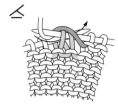
裏目を2目一度に編む

右上3目一度
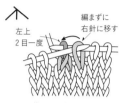
左上2目一度 / 編まずに右針に移す / 移した目をかぶせる

左上3目一度

3目一度に編む

右上3目一度(裏目)
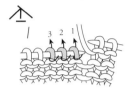
1目ずつ矢印のように針を入れて編まずに右針に移す / 矢印のように左針を入れて編まずに目を移す / 矢印のように右針を入れて3目を一緒に裏目で編む

左上3目一度(裏目)

裏目を3目一度に編む

中上3目一度

左上2目一度の要領で右針に移す / 表目を編む / 2目を一緒にかぶせる

すべり目
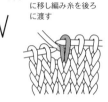
目を編まずに右の針に移し編み糸を後ろに渡す / 下の段の目が引き上がる

浮き目
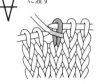
目を編まずに右の針に移し編み糸を手前に渡す / 下の段の目が引き上がる

巻き目
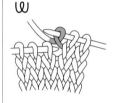

引上げ目(表目)
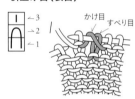
1段めは表目で編み、2段めですべり目とかけ目をする / 3段めで、前段のすべり目とかけ目を一緒に表目で編む

引上げ目(裏目)

1段めは裏目で編む / 2段めですべり目とかけ目をする / 3段めで前段のすべり目とかけ目を裏目で編む

右上交差(2目)
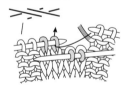
別針に2目とって手前におき、次の2目を表目で編む / 別針の目を表目で編む

左上交差(2目)
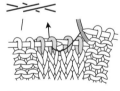
別針に2目とって向う側におき、次の2目を表目で編む / 別針の目を表目で編む

右上2目交差、左上2目交差の要領で、交差を編むときに下側の目を裏目で編む
※目数が異なる場合も同じ要領で編む

右上交差(表目と裏目)

別針に2目とって手前におき、次の1目を裏目で編む / 別針の目を表目で編む

左上交差(表目と裏目)

別針に1目とって向う側におき、次の2目を表目で編む / 別針の目を裏目で編む

※目数が異なる場合も同じ要領で編む

目の止め方

◎棒針を使う方法

● 伏止め（表目）

 1
 2
 3

1. 端の2目を表目で編み、1目めを2目めにかぶせる
2. 表目を編み、かぶせることを繰り返す
3. 最後の目は、引き抜いて糸を締める

● 伏止め（裏目）

 1
 2
 3

1. 端の2目を裏目で編み、1目めを2目めにかぶせる
2. 裏目を編み、かぶせることを繰り返す
3. 最後の目は、引き抜いて糸を締める

◎かぎ針を使う方法
※棒針編みの最後をかぎ針に替えて伏止めをする方法。目が拾いやすく、つれずにきれいに伏せることができる。かぎ針の号数は棒針の号数より1号細い針を用意する

● 伏止め（表目）

 1
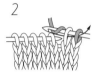 2
 3

1. 端の目にかぎ針を手前から入れて、糸をかけて引き抜く
2. 2目めにかぎ針を入れ、糸をかけて2目を一度に引き抜く
3. 2を繰り返し、最後の目は、引き抜いて糸を締める

● 伏止め（裏目）

 1
 2
 3

1. 端の目にかぎ針を向う側から入れ、糸をかけて引き抜く
2. 糸を手前において次の目も同じ要領でかぎ針を入れ、糸をかけて2目一度に引き抜く
3. 2を繰り返す。最後の目は引き抜いて糸を締める

はぎ方

メリヤスはぎ

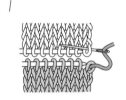 1
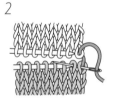 2
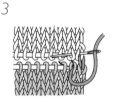 3
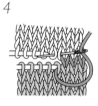 4

1. 手前側の端の目に裏側から糸を出し、向う側の端の目に針を入れる
2. 手前側の端の目に戻り、表側から針を入れ、2目めの表側に針を出す
3. 向う側の端の目の表側から針を入れ、2目めの表側に針を出す
4. 2、3を繰り返す

ガーターはぎ

 1
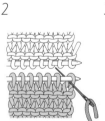 2
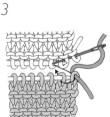 3
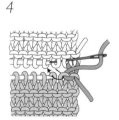 4
 5

1. 作り目をほどいて棒針に取り、糸端を針にかけて1目作る
2. 編終り側の編み地の端の目に表側から針を入れる
3. 図のように針を入れ、編終りの編み地に戻って矢印のように針を入れる
4. 上側は表側から針を入れて次の目の表側に出し、編終り側は裏側から針を入れて次の目の裏側に出す
5. 4を繰り返す

| 引返し編み | ◎2段ごとに編み進む引返し編み |

引返し編みは編終り側で操作を始めるので、左右で1段ずれる。

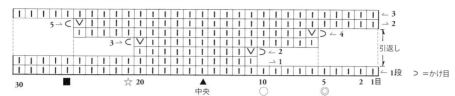

1
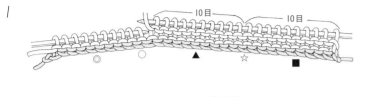
引返し編みの1段め（裏側）。
端から○印の手前（20目め）まで
編み進む

2
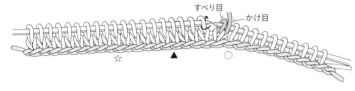
2段め（表側）。表側に返して、
かけ目をし、最初の目をすべり目を
して続けて編む

3
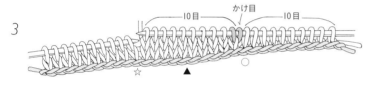
☆印の手前まで編む

4
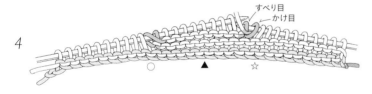
3段め（裏側）。裏側に返して、
かけ目をし、糸を手前側にして
最初の目をすべり目をする

5
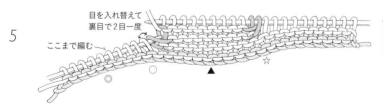
○印の手前まで裏目を編む。
次の目は前段のかけ目と入れ替えて
2目一度をする。
◎印の手前の目まで編む

6
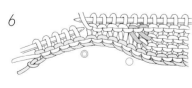
3段めの編終り

7
4段め（表側）。表側に返して、
2、3と同じ要領で、
☆印の手前まで表目を編み、
次の目はかけ目と2目一度をする。
■印の手前の目まで編む

8
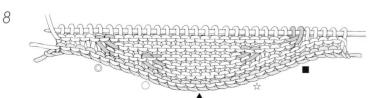
5段め
4、5と同じ要領で◎印の位置で
かけ目と2目一度をして端まで編む。
次の段は7と同じ要領で、
■印の位置で2目一度をして
端まで編む

[ブックデザイン] 中島美佳
[撮　影] 和田裕也
　　　　 中辻　渉 (p.2・3、40〜44)
[スタイリング] 轟木節子
[ヘアメイク] 扇本尚幸
[モデル] 谷口　蘭
[トレース] 大楽里美 (day studio) 白くま工房
[校　閲] 向井雅子
[編　集] 佐藤周子 (リトルバード)
　　　　 三角紗綾子 (文化出版局)

この本の作品はハマナカ手芸手あみ糸、リッチモア手あみ糸を使用しています。
糸については下記へお問い合わせください。

[素材提供]

ハマナカ株式会社
〒616-8585　京都市右京区花園薮ノ下町2番地の3
☎075-463-5151 (代表)
ハマナカコーポレートサイト
　www.hamanaka.co.jp
　www.richmore.jp
　info@hamanaka.co.jp
※材料の表記は2017年9月現在です。

[衣装協力]

ビューカリック＆フロリック
　→ ☎03-5794-3553
　　　p.5 ベルト (BROE&CO)、p.21 スカート (オニール オブ ダブリン)

クーブ・ドゥ・シャンピニオン
　→ ☎03-6415-5067
　　　p.11 カーディガン／p.12・13 トップス／p.21 ブローチ／p.25 イアリング／
　　　p.26 タートルネックニット／p.28・29 パンツ／カバー、p.38 ジャケット
　　　(以上 ANTIPAST)

アンリークイール青山本店
　→ ☎03-3797-1145
　　　p.25 ワンピース (eleven eleven)

KMDFARM
　→ ☎03-5458-1791
　　　p.5 リブニット／p.9 刺繍入リニット／
　　　p.35 袖レースつきリブニット (以上 nesessaire)

pas de calais 六本木
　→ ☎03-6455-5570
　　　p.5、p.32、p.34 スカート／p.6・7、p.19 ワンピース／p.9 パンツ／
　　　p.14・15、p.36・37 タートルネックニット、パンツ／
　　　p.22・23 ボーダーニット／p.26、p.27、p.34 コート／
　　　p.1、p.30 プルオーバー／p.34 ブラウス (以上 pas de calais)

suzuki takayuki
　→ ☎03-5774-0731
　　　p.13、p.38 パンツ／p.16 ジャケット／
　　　p.16、p.19 モヘアニット (以上 suzuki takayuki)

verandah
　→ ☎03-6450-6572
　　　p.32・33 コート

まきもの
いろいろ

2017年9月17日　第1刷発行
2018年10月18日　第3刷発行
[著者] 風工房
[発行者] 大沼　淳
[発行所] 学校法人文化学園 文化出版局
　　　　 〒151-8524　東京都渋谷区代々木3-22-1
　　　　 ☎03-3299-2487 (編集)
　　　　 ☎03-3299-2540 (営業)
[印刷・製本所] 株式会社文化カラー印刷

©Kazekobo 2017　Printed in Japan
本書の写真、カット及び内容の無断転載を禁じます。

●本書のコピー、スキャン、デジタル化等の無断複製は著作権法
上での例外を除き、禁じられています。本書を代行業者等の第
三者に依頼してスキャンやデジタル化することは、たとえ個人
や家庭内での利用でも著作権法違反になります。
●本書で紹介した作品の全部または一部を商品化、複製頒布、及
びコンクールなどの応募作品として出品することは禁じられて
います。
●撮影状況や印刷により、作品の色は実物と多少異なる場合があ
ります。ご了承ください。

文化出版局のホームページ
http://books.bunka.ac.jp/

この本についてのお問合せは下記へお願いします。
リトルバード ☎03-5309-2260
[受付時間] 13:00〜17:00 (土日・祝日はお休みです)